EDVARD GRIEG

KLAVIERWERKE
PIANO WORKS

Band II

Original-Werke

ALLE RECHTE VORBEHALTEN · ALL RIGHTS RESERVED

EDITION PETERS
Leipzig · London · New York

Grieg, Klavierwerke

Band I
Lyrische Stücke

Band II
Original-Werke

Op. 1 **Vier Stücke**		4
1. Allegro con leggerezza	3. Mazurka	
2. Non Allegro e molto espressivo	4. Allegretto con moto	
Op. 3 **Poetische Tonbilder**		18
1. Allegro, ma non troppo	4. Andante con sentimento	
2. Allegro cantabile	5. Allegro moderato	
3. Con moto	6. Allegro scherzando	
Op. 6 **Humoresken**		30
1. Tempo di Valse	3. Allegretto con grazia	
2. Tempo di Menuetto	4. Allegro alla burla	
Op. 16 **Konzert A moll**		45
Op. 19 **Aus dem Volksleben**		82
1. Auf den Bergen	2. Norwegischer Brautzug im Vorüberziehen	
3. Aus dem Karneval		
Op. 24 **Ballade G moll**		104
Op. 28 **Albumblätter**		122
1. Allegro con moto	3. Vivace	
2. Allegretto espressivo	4. Andantino serioso	
Op. 29 **Improvisata** über zwei norwegische Volksweisen		134
1. Allegretto con moto	2. Andante	
Op. 41 **Klavierstücke** nach eigenen Liedern		144
1. Wiegenlied	4. Wenn einst sie lag	
2. Klein Haakon	5. Die Prinzessin	
3. Ich liebe dich	6. An den Lenz	
Op. 52 **Klavierstücke** nach eigenen Liedern		162
1. Mutterschmerz	4. Solvejgs Lied	
2. Erstes Begegnen	5. Liebe	
3. Des Dichters Herz	6. Die alte Mutter	
Op. 73 **Stimmungen**		180
1. Resignation	4. Volkston	
2. Scherzo-Impromptu	5. Studie (Hommage à Chopin)	
3. Nächtlicher Ritt	6. Ständchen der Studenten	
7. Gebirgsweise		
Nachlaß. **Drei Klavierstücke**		200
1. Im wilden Tanz	2. Gnomenzug	
3. Sturmwolken		

Band III

Bearbeitungen
eigener Werke vom Komponisten

Op. 17.	**25 nordische Tänze und Volksweisen**	4
Op. 34.	**Zwei elegische Melodien** für Streichorchester	26
	1. Herzwunden 2. Letzter Frühling	
Op. 35	**Norwegische Tänze**	31
	1. Allegro marcato 3. Allegro moderato	
	2. Allegretto tranquillo 4. Allegro molto	
Op. 37	**Zwei Walzer-Capricen**	54
Op. 40.	**Aus Holbergs Zeit**	64
	1. Praeludium 3. Gavotte	
	2. Sarabande 4. Air	
	5. Rigaudon	
Op. 46	**Peer Gynt-Suite I**	81
	1. Morgenstimmung 3. Anitras Tanz	
	2. Åses Tod 4. In der Halle des Bergkönigs	
Op. 50	**Gebet und Tempeltanz** aus Olav Trygvason	97
Op. 53	**Zwei Melodien** für Streichorchester nach eigenen Liedern	106
	1. Norwegisch 2. Erstes Begegnen	
Op. 55	**Peer Gynt-Suite II**	112
	1. Der Brautraub. Ingrids Klage 3. Peer Gynts Heimkehr	
	2. Arabischer Tanz 4. Solvejgs Lied	
Op. 56	**Drei Orchesterstücke** aus Sigurd Jorsalfar	134
	1. Vorspiel 2. Intermezzo (Borghilds Traum)	
	3. Huldigungsmarsch	
Op. 63	**Zwei nordische Weisen** für Streichorchester	152
	1. Im Volkston 2. Kuhreigen und Bauerntanz	
Op. 66	**19 norwegische Volksweisen**	163
——	**Trauermarsch** zum Andenken an Rikard Nordraak	184

Seinem verehrten Lehrer Herrn E. F. Wenzel gewidmet

Vier Stücke
Quatre pièces — Four Pieces

I.

Edvard Grieg, Op. 1 No. 1

II.

Op. 1 No. 2

Non Allegro e molto espressivo

III.
Mazurka

Op. 1 No. 3

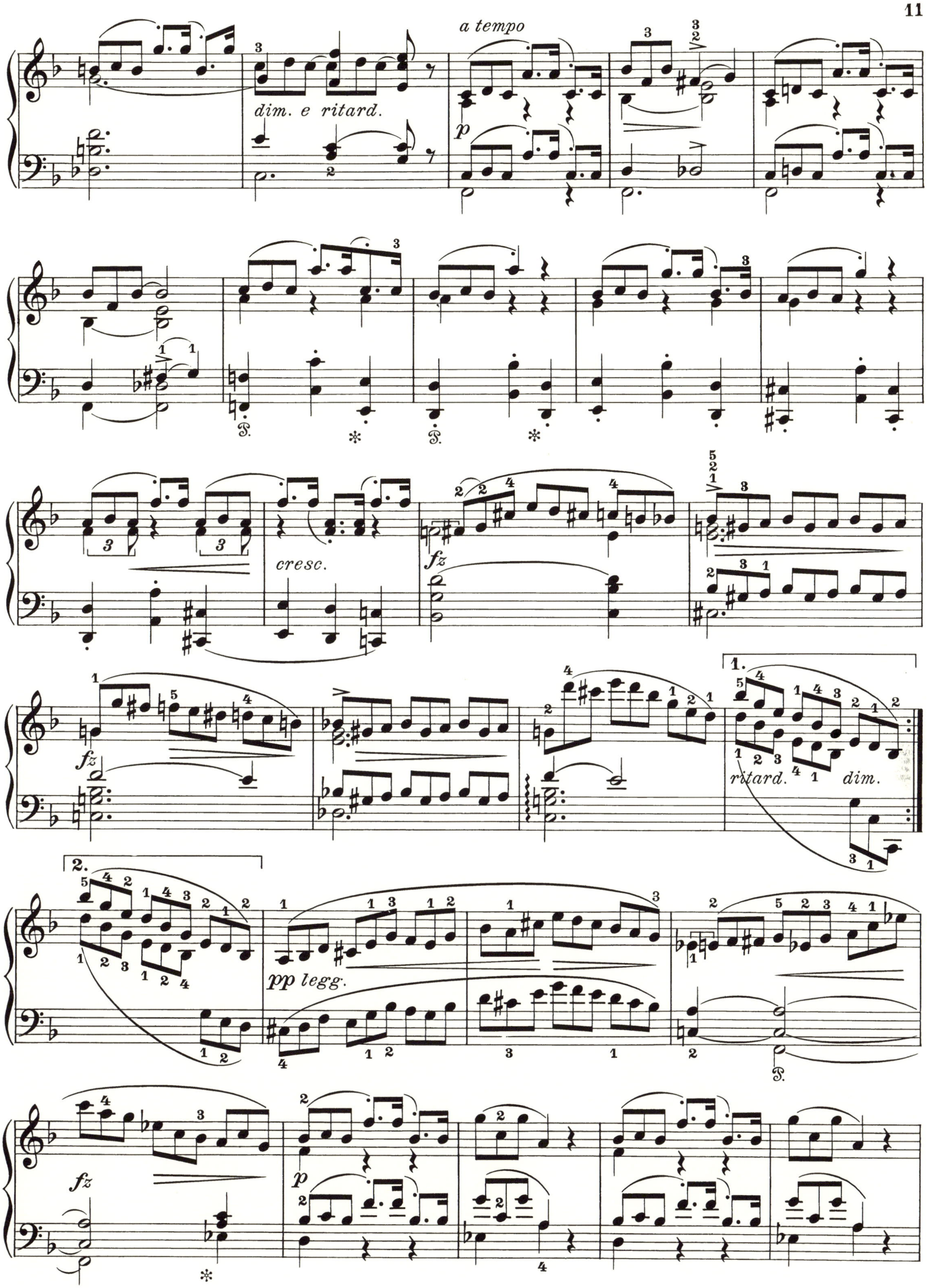
a tempo
dim. e ritard.
cresc.
ritard.
dim.
pp legg.

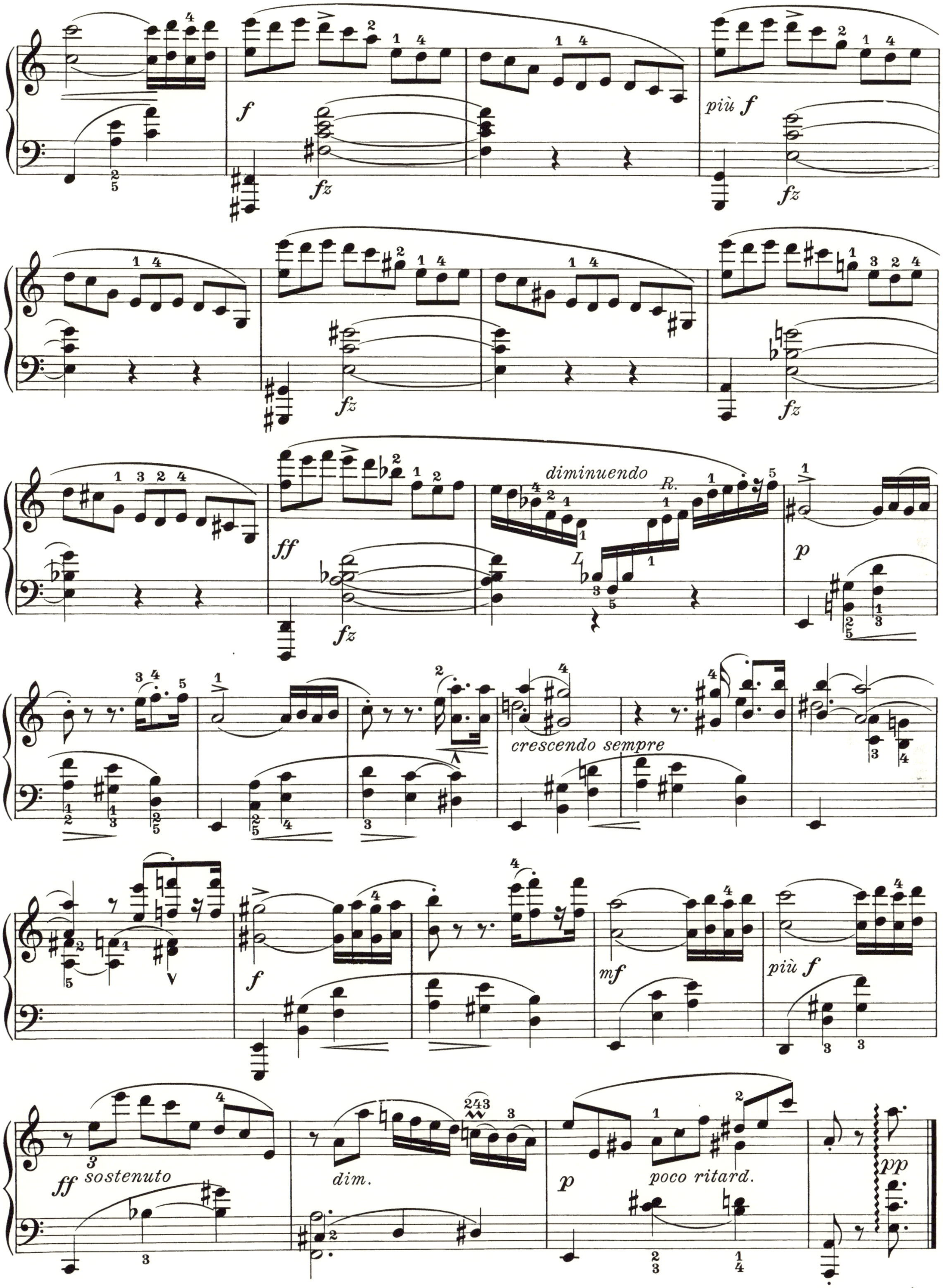
più f
diminuendo
crescendo sempre
più f
sostenuto
dim.
poco ritard.

IV.

Op. 1 No. 4

Allegretto con moto

16

Herrn Benjamin Feddersen gewidmet

Poetische Tonbilder
Tableaux poétiques — Poetic Tone-Pictures

I.

Op. 3 No. 1

II.

Op. 3 No. 2

Allegro cantabile

V.

Op. 3 No. 5

Richard Nordraak gewidmet

Humoresken

I.

Tempo di Valse

Op. 6 No. 1

32

II.

Tempo di Menuetto ed energico

Op. 6 No. 2

III.

Allegretto con grazia

Op. 6 No. 3

IV.

Herrn Edmund Neupert zugeeignet

Konzert

Op. 16

*) Die Zweiunddreißigstelnoten sind als Vorschläge *pp* und wie hingehaucht auszuführen.

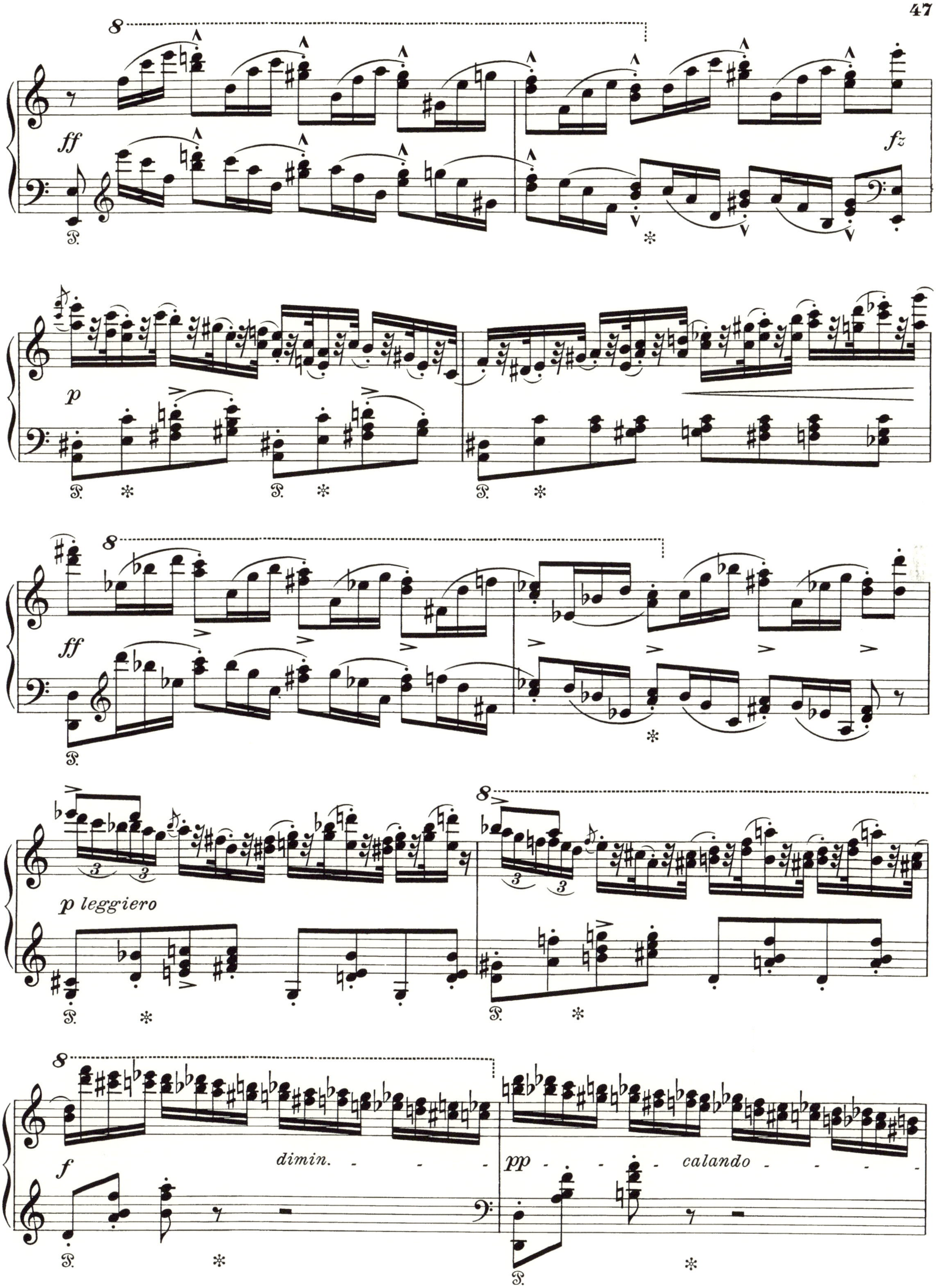
ff
fz
p
ff
p leggiero
f
dimin.
pp
calando

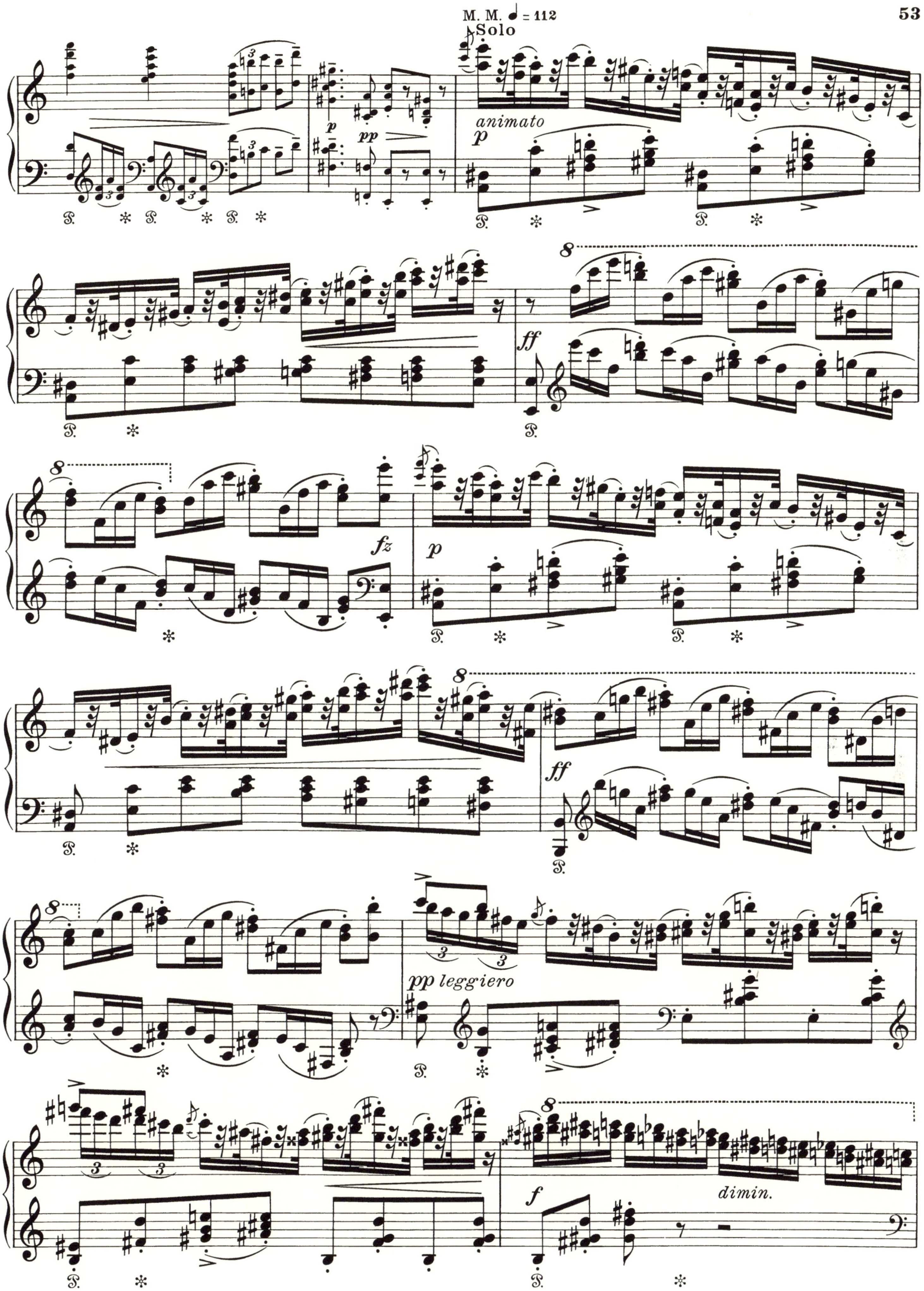

M. M. ♩= 112
Solo
animato
p
pp
ff
fz
pp leggiero
f
dimin.

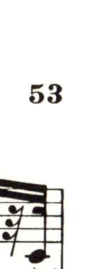

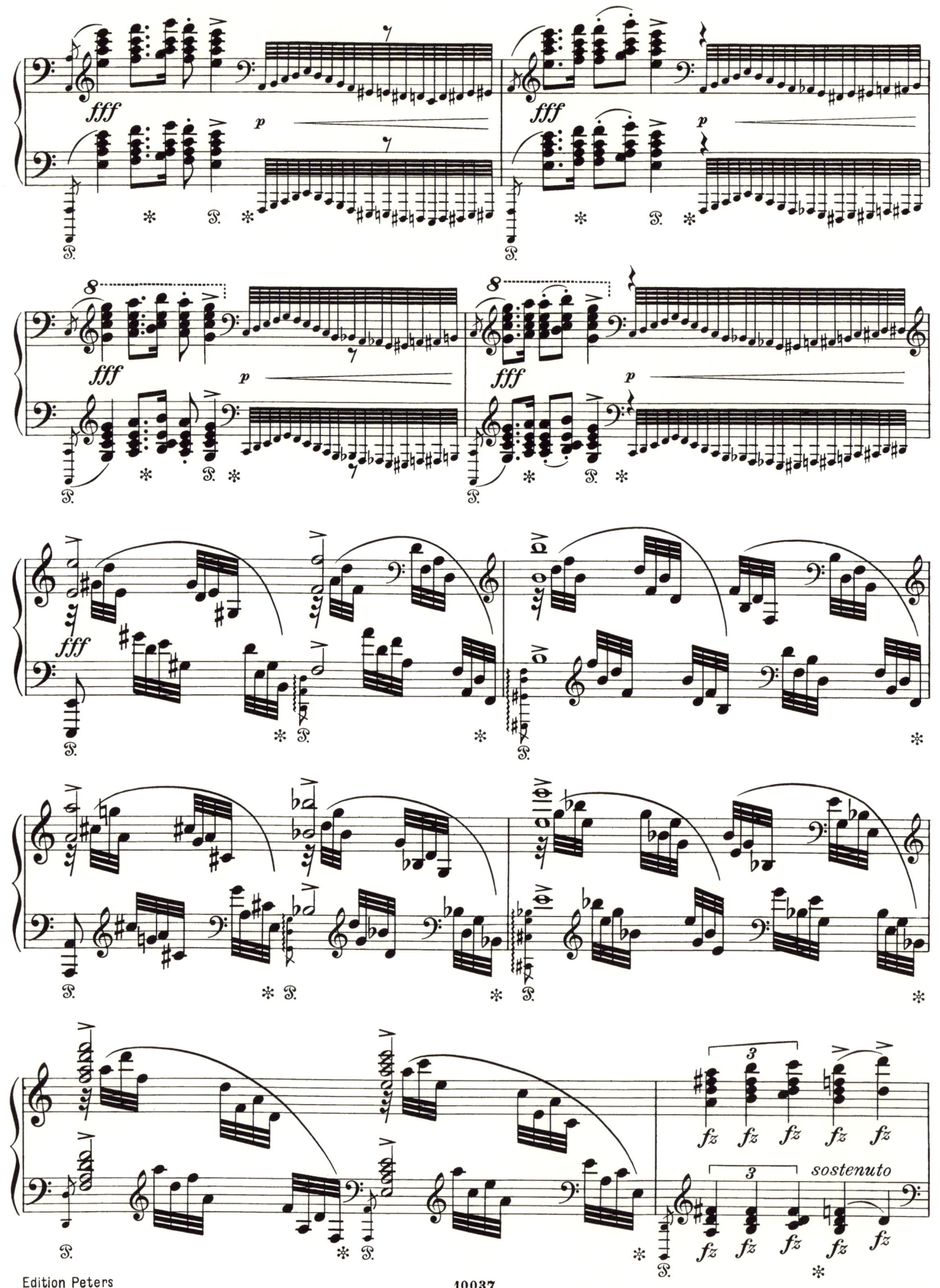

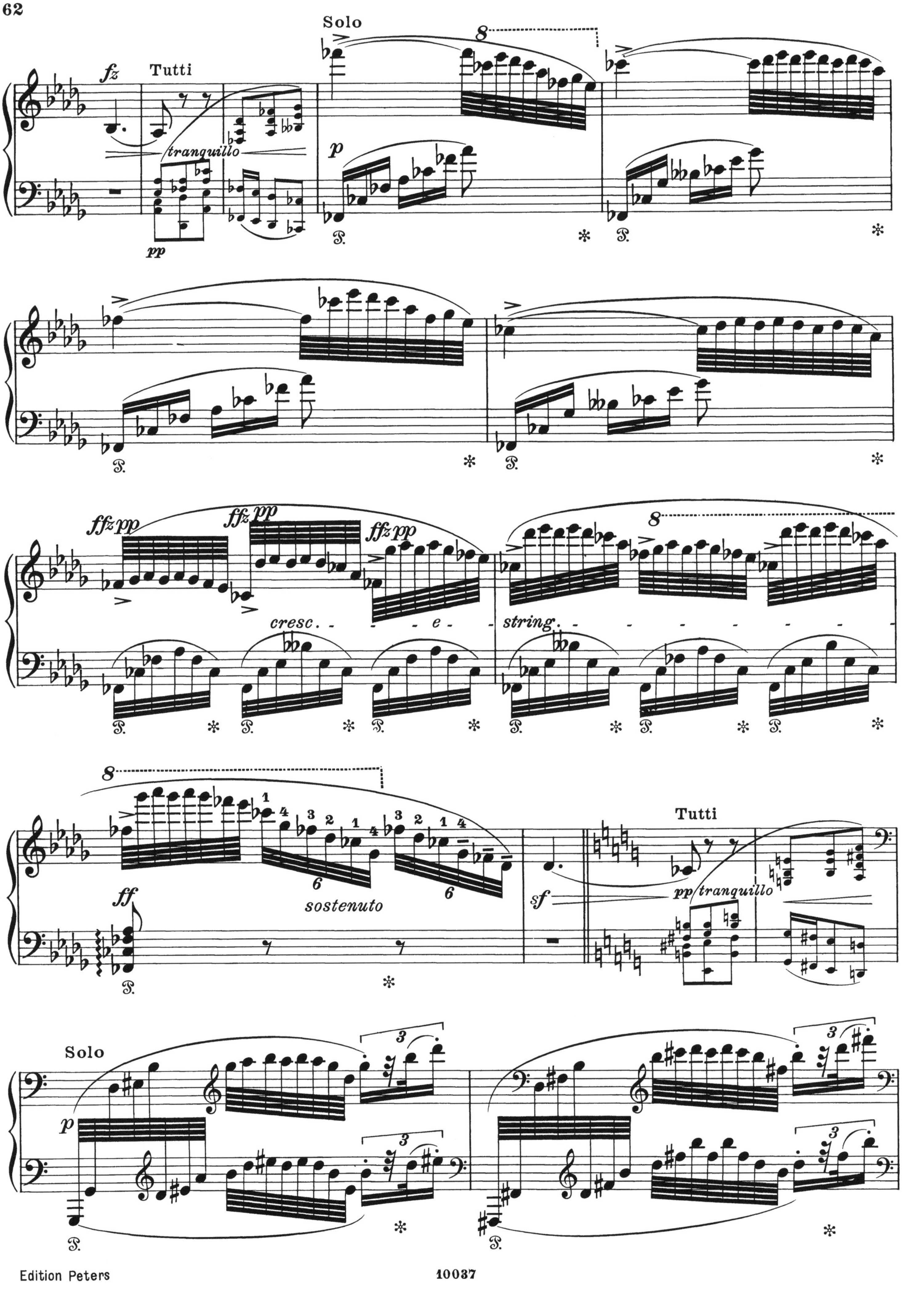
Solo
fz
Tutti
tranquillo
pp
p
cresc. - - e - string.
ffz pp
ff
sostenuto
sf
Tutti
pp tranquillo
Solo

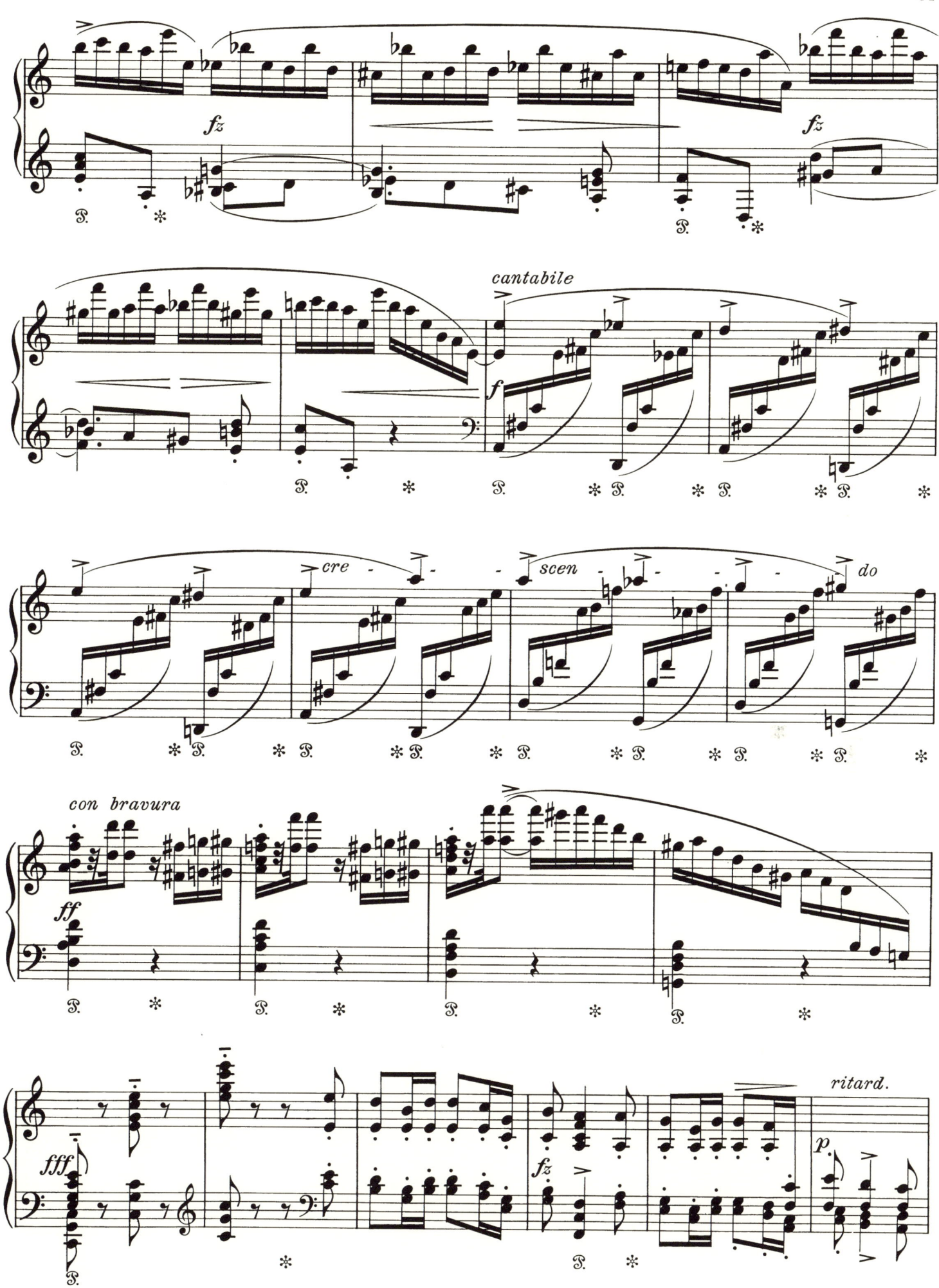

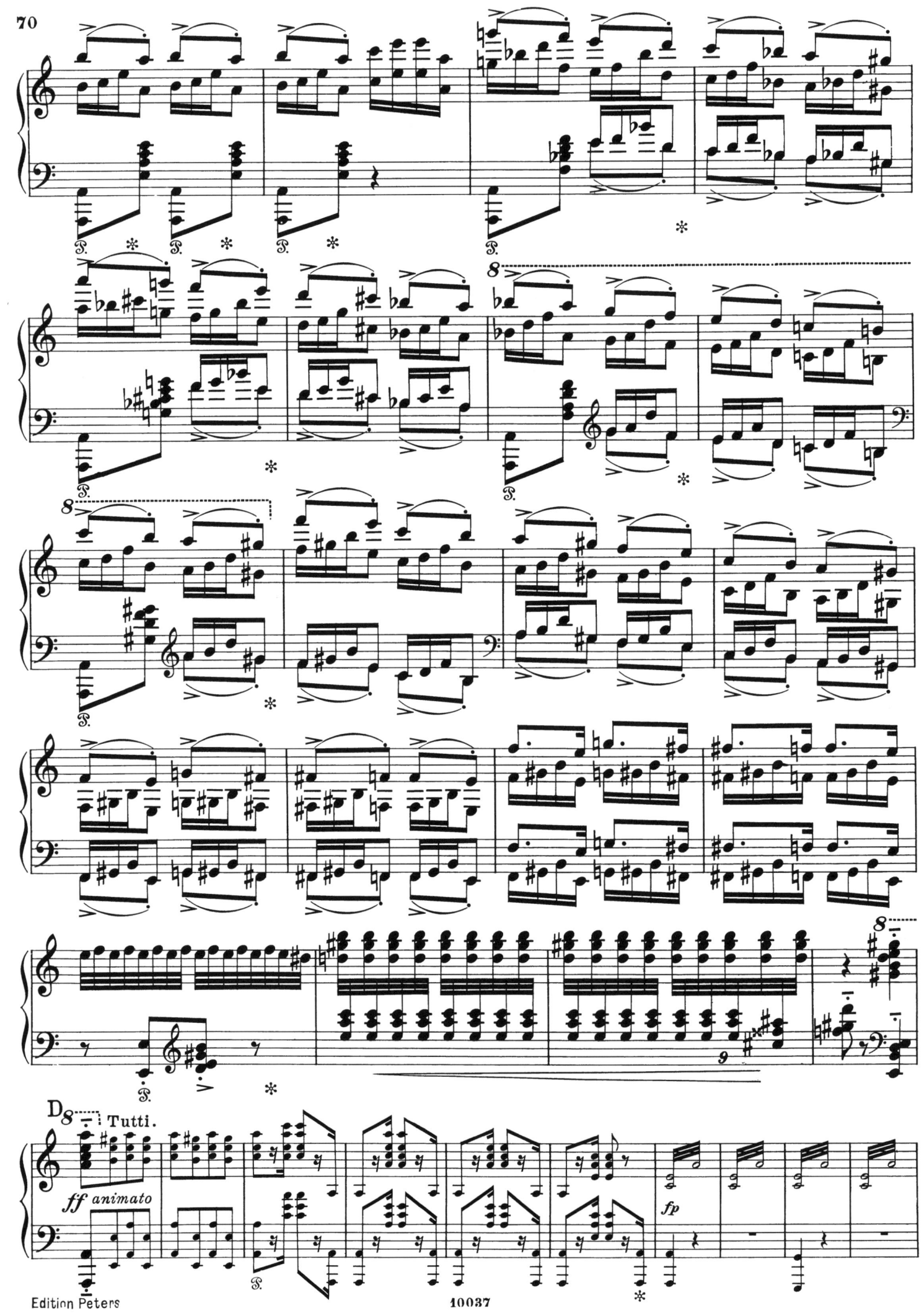

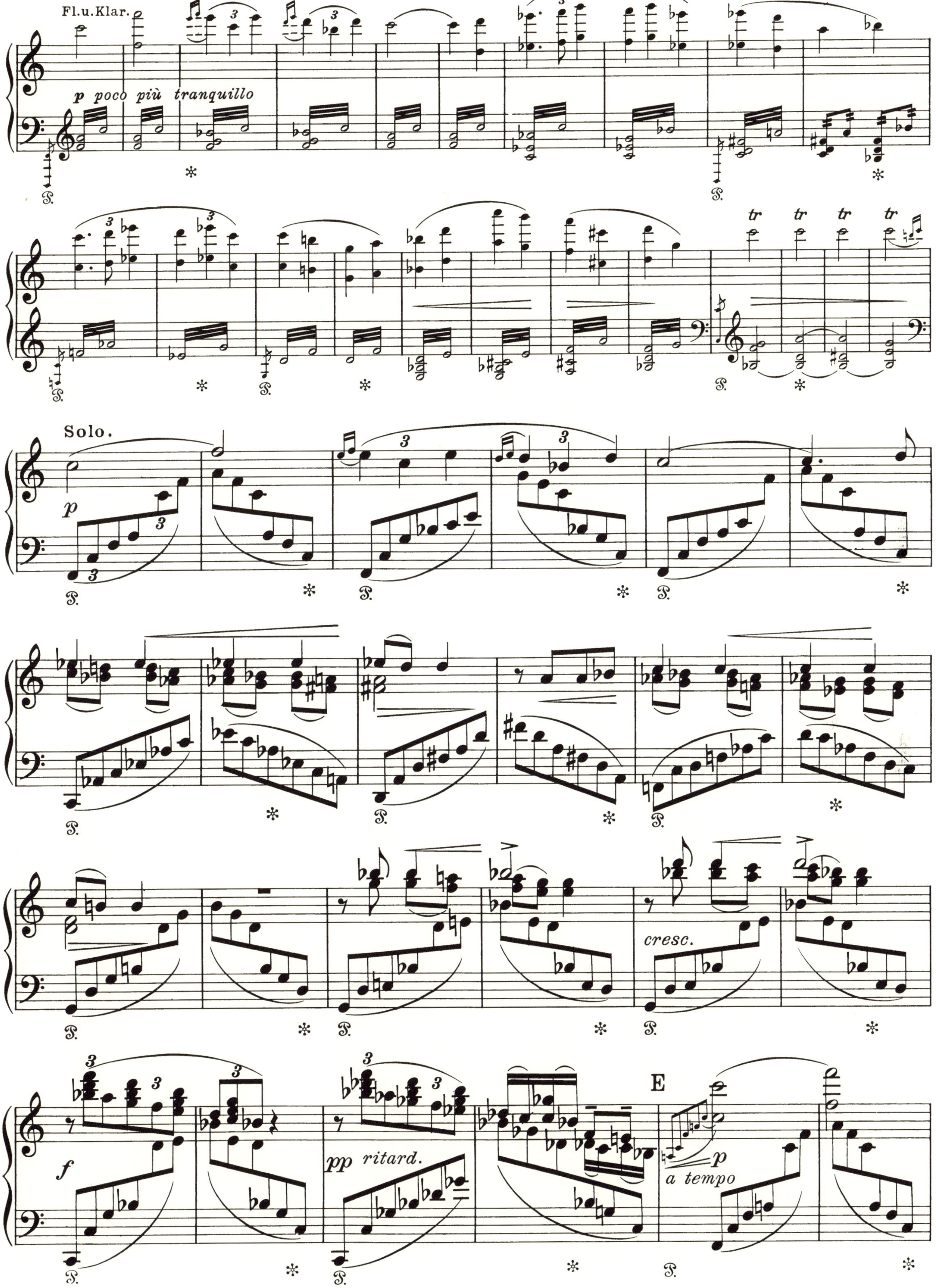
Fl.u.Klar.
p poco più tranquillo
tr
Solo.
p
cresc.
f
pp ritard.
E
p
a tempo

J. P. E. Hartmann gewidmet

Aus dem Volksleben
I.
Auf den Bergen
Sur les montagnes — On the mountains

Un poco Allegro

Op. 19 No. 1

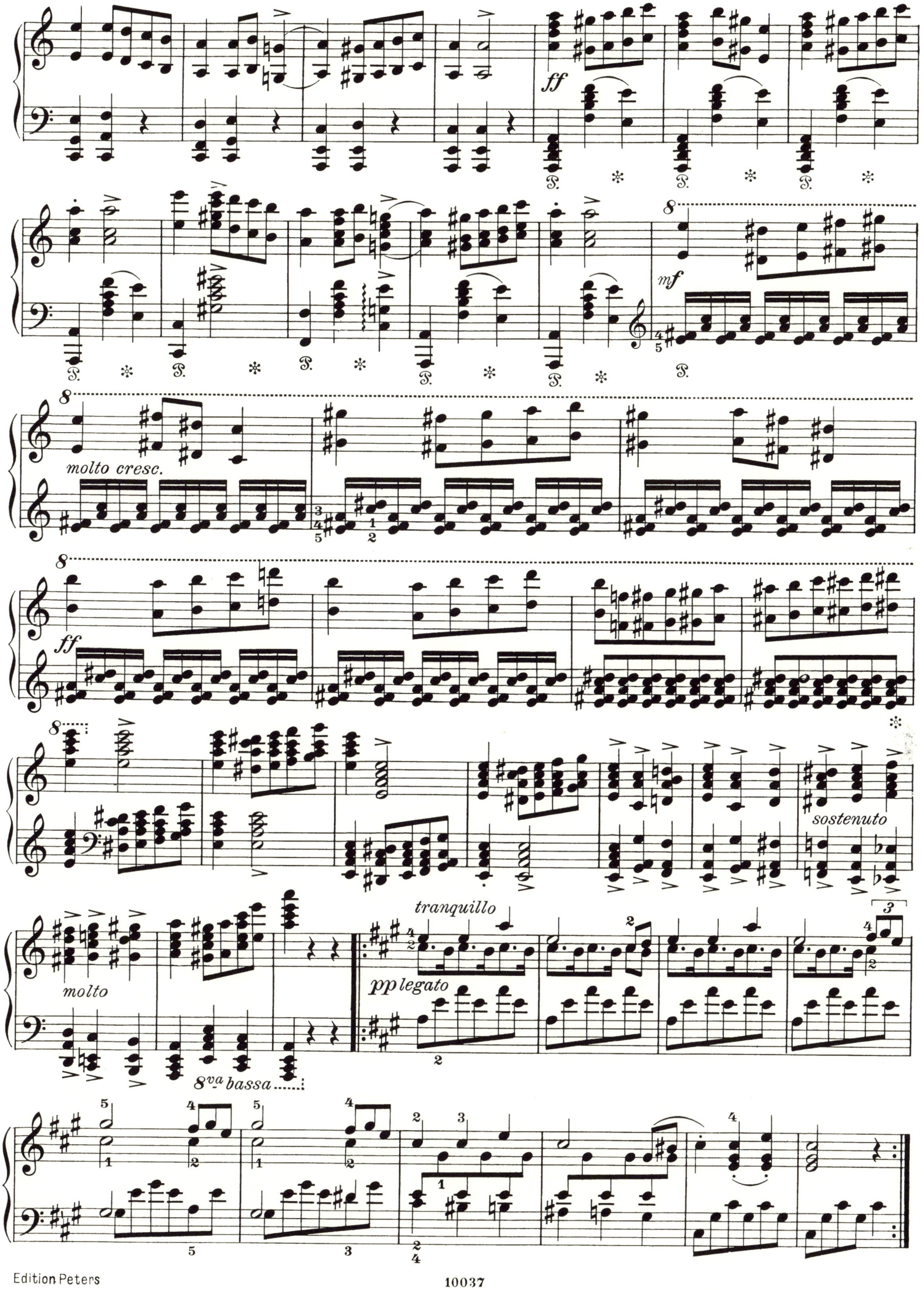
ff
mf
molto cresc.
ff
sostenuto
molto
8va bassa
tranquillo
pp legato

II.
Norwegischer Brautzug im Vorüberziehen
Marche nuptiale — Bridal procession

Op. 19 No. 2

*) 2ª volta una corda.

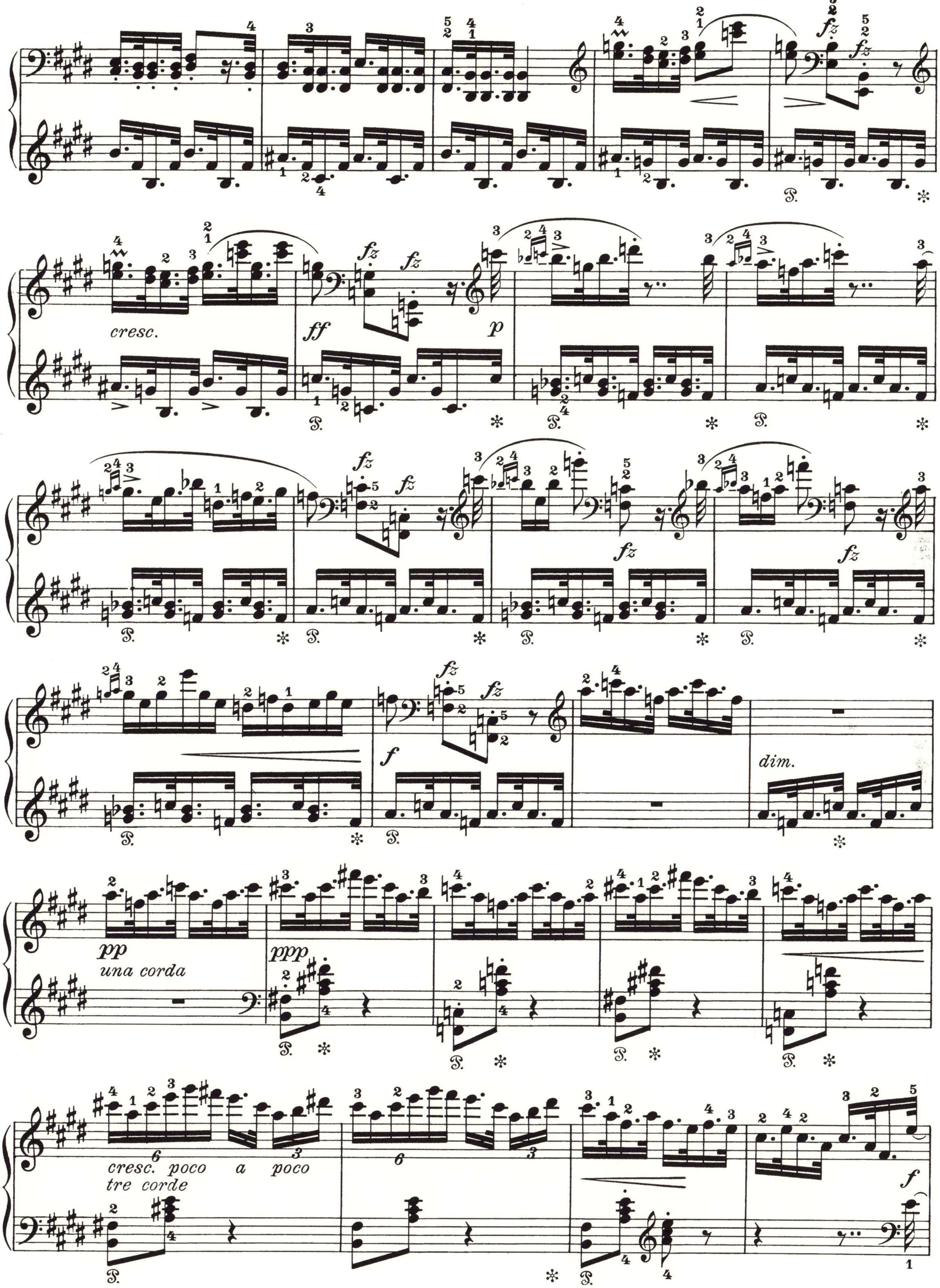
cresc.
ff
p
fz
f
dim.
pp
una corda
ppp
cresc. poco a poco
tre corde

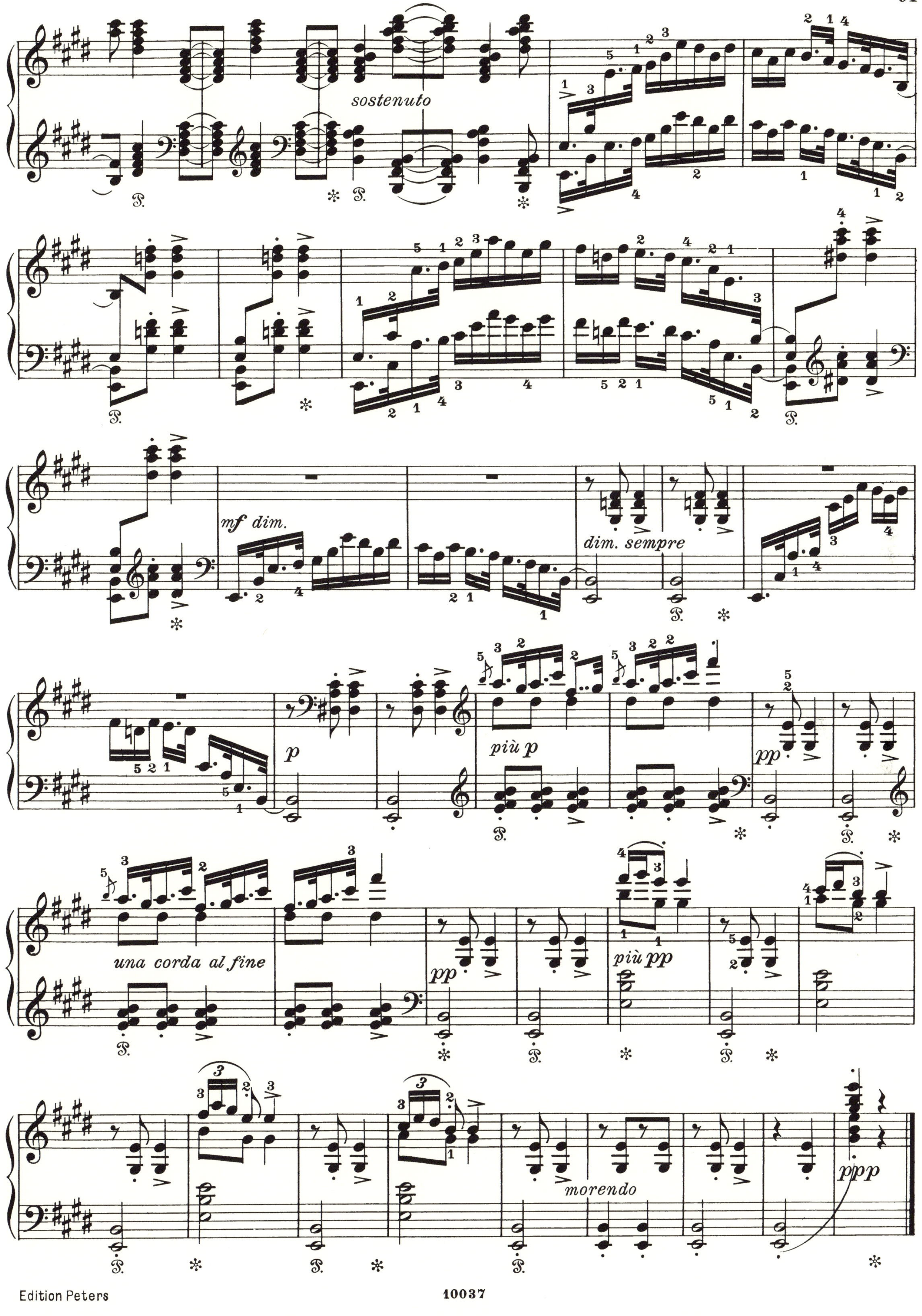
sostenuto
mf dim.
dim. sempre
p
più p
pp
una corda al fine
pp
più pp
morendo
ppp

III.
Aus dem Karneval
Scène du Carnaval — On the Carnaval

Op. 19 No. 3

98

Ballade

Op. 24

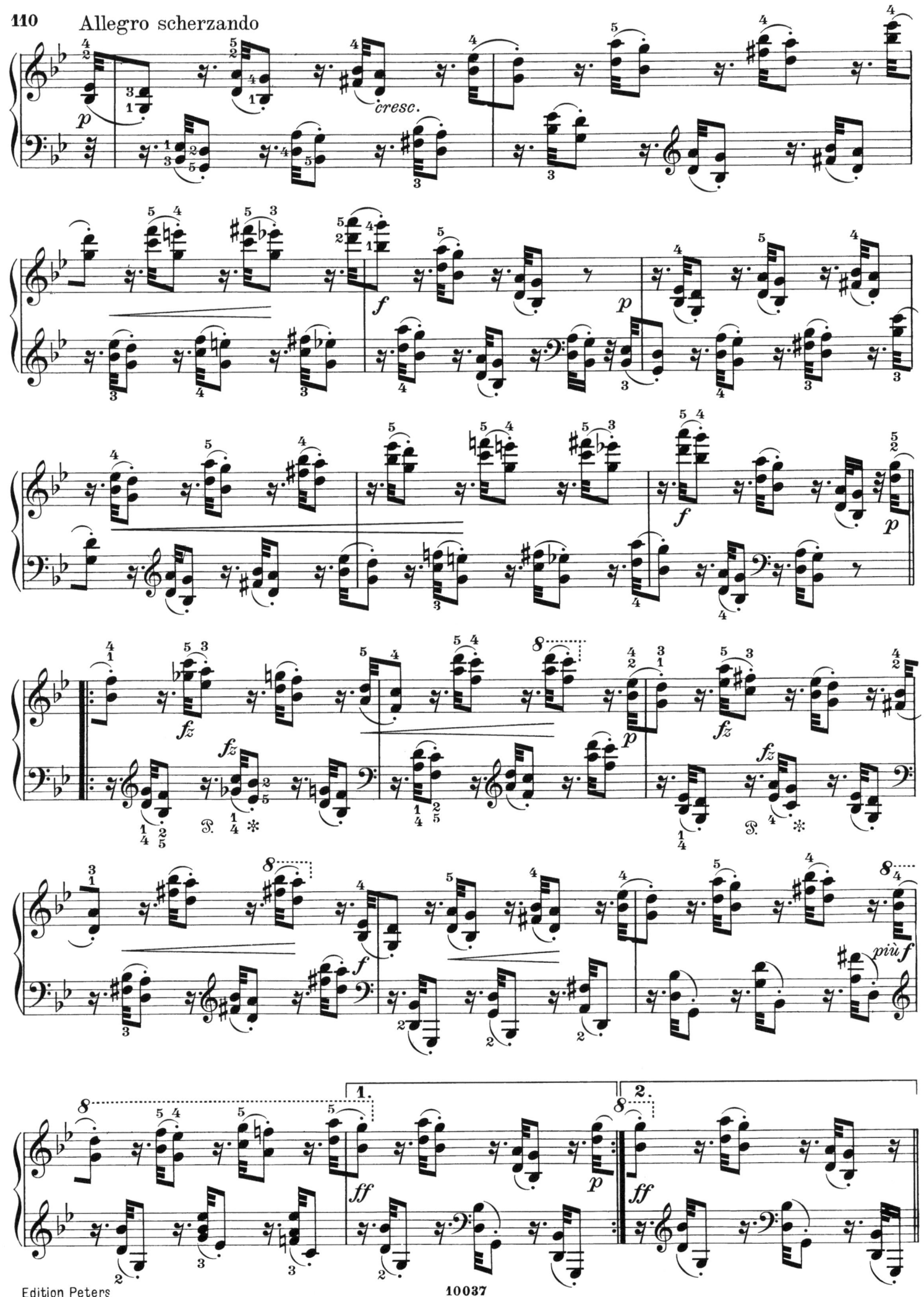

Un poco Allegro e alla burla

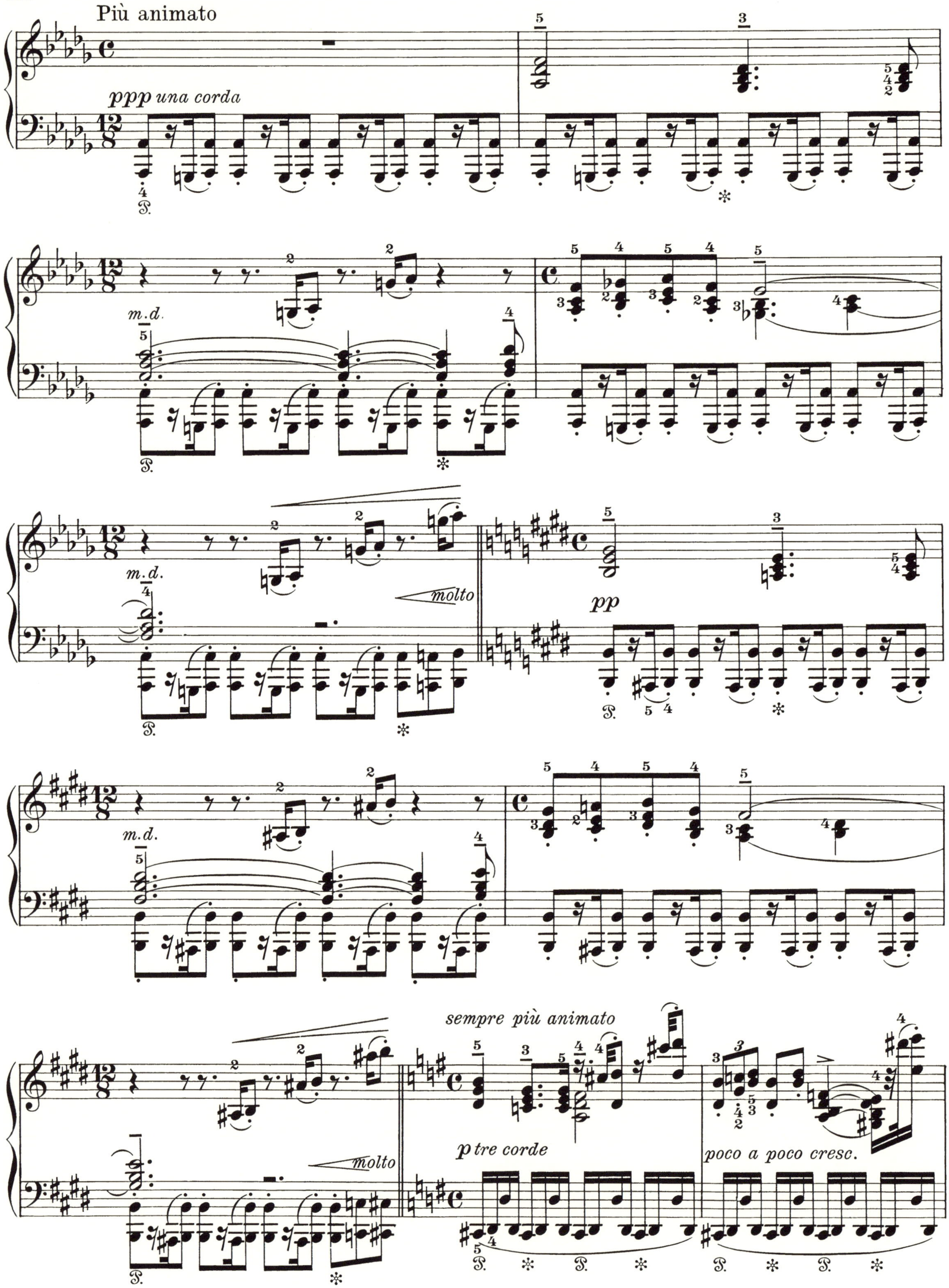
Più animato
ppp una corda
m.d.
molto
pp
sempre più animato
p tre corde
poco a poco cresc.

118

An Frau Minna Petersen

Albumblätter
Feuillets d'Album — Album Leaves

I.

Op. 28 No.1

II.

Allegretto espressivo

Op. 28 No. 2

III.

Op. 28 No. 3

IV.

Op. 28 No. 4

An Frau Ida Aqvist

Improvisata
über zwei norwegische Volksweisen

I.

Allegretto con moto

Op. 29 No. 1

II.
Klein Haakon
Little Haakon. — Petit Haakon

Op. 41 No 2

III.
Ich liebe dich
I love thee — Je t'aime

Op. 41 No 3

IV.
Wenn einst sie lag an meiner Brust
(Sie ist so weiß)

My love she was so pure — Plus pur est mon amour

Op. 41 No 4

V.
Die Prinzessin
The Princess — La Princesse

Op. 41 No 5

cresc.
f
ff
pp
una corda
leggiero
8
tre corde f
più f

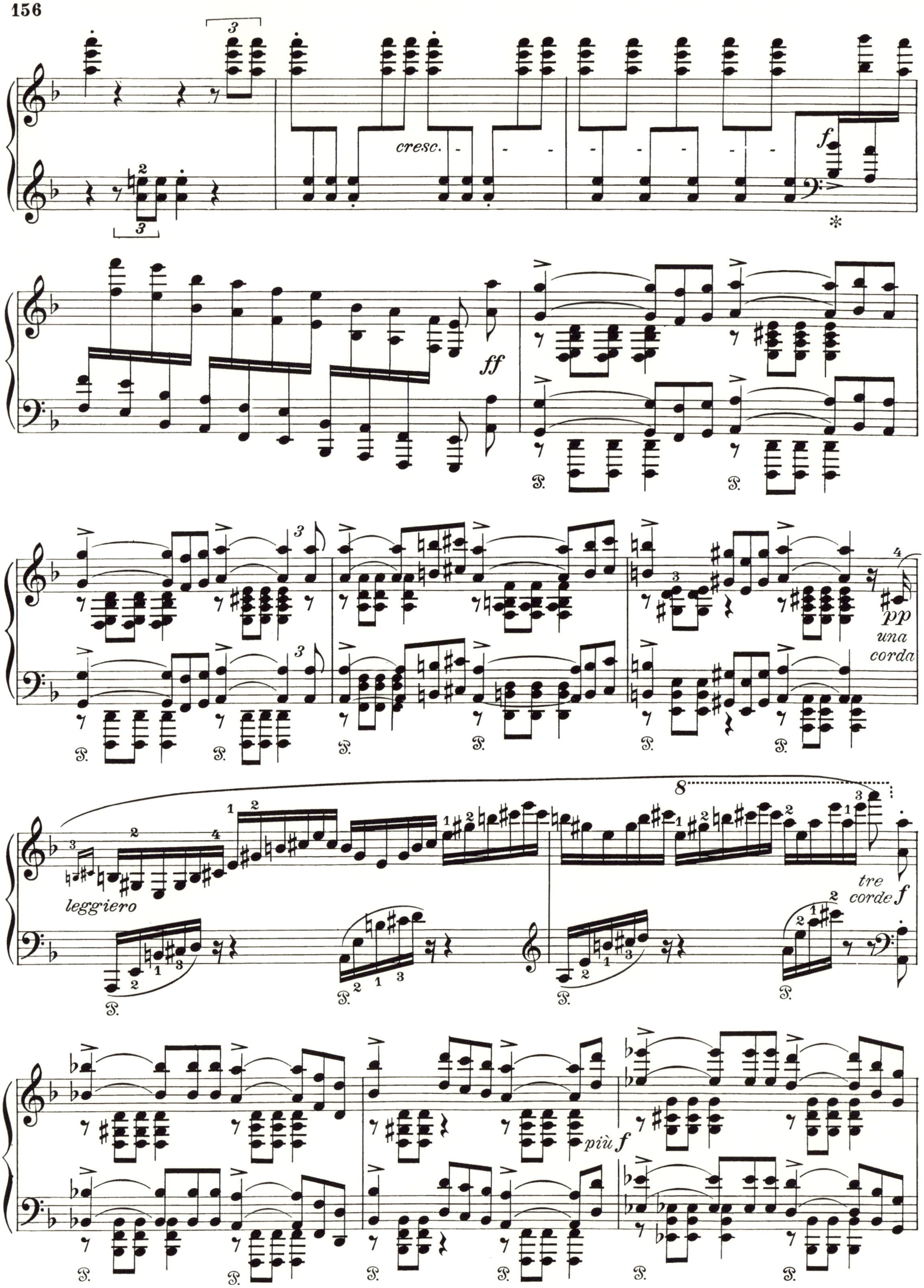

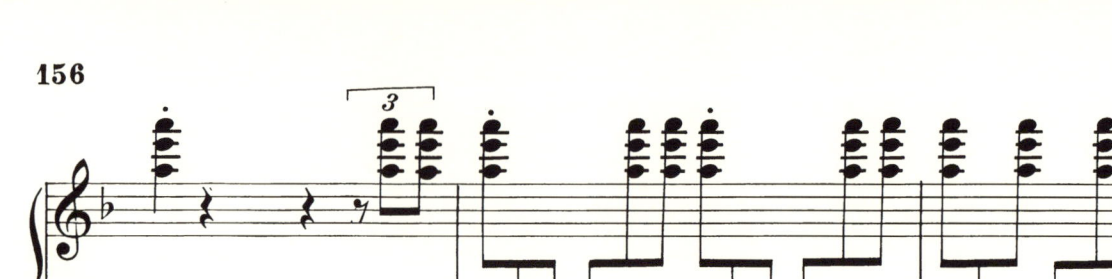

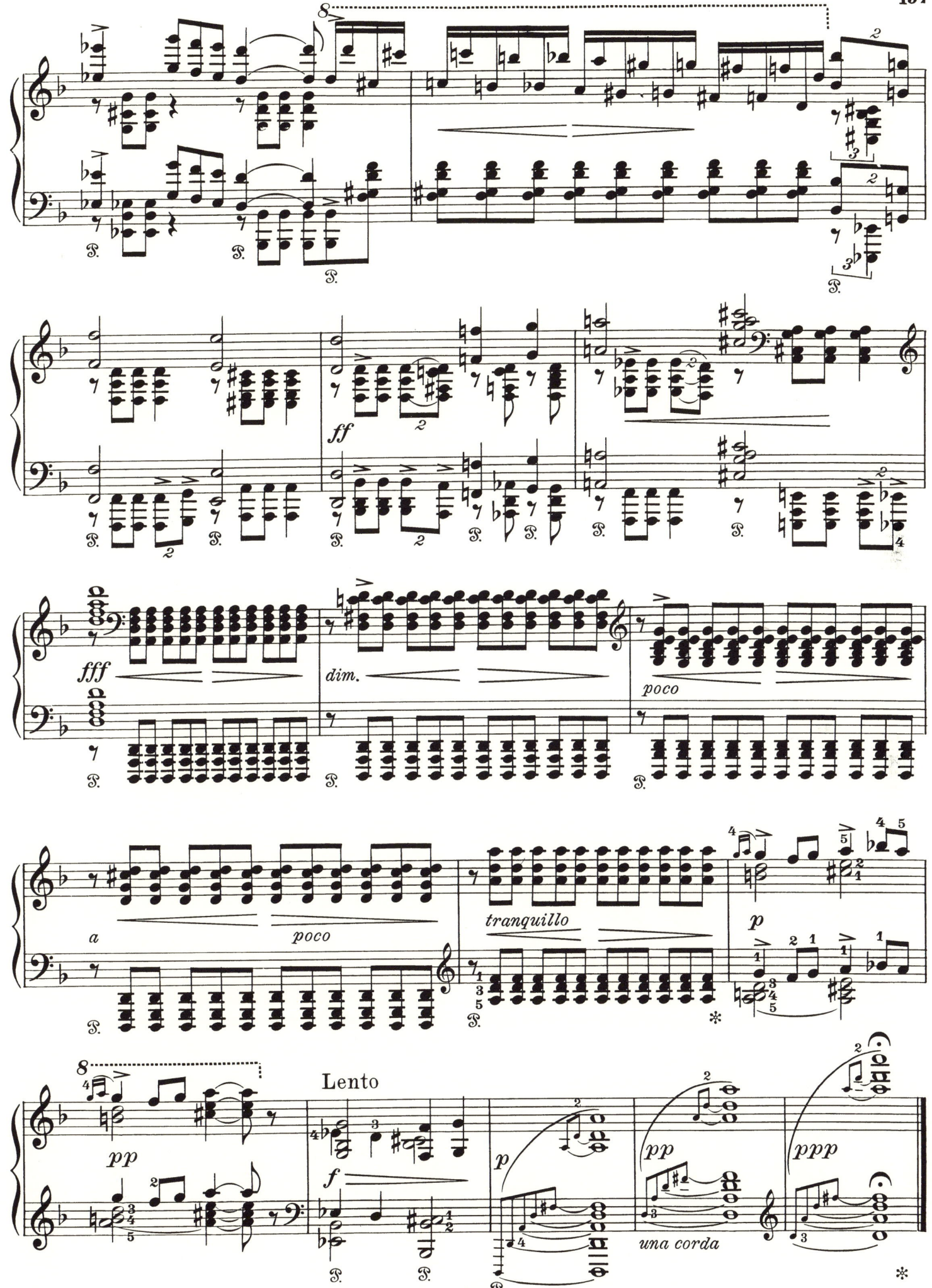

VI.
Dem Lenz soll mein Lied erklingen

To Springtime my song I utter. — Chantons la saison des roses

Op. 41 No 6

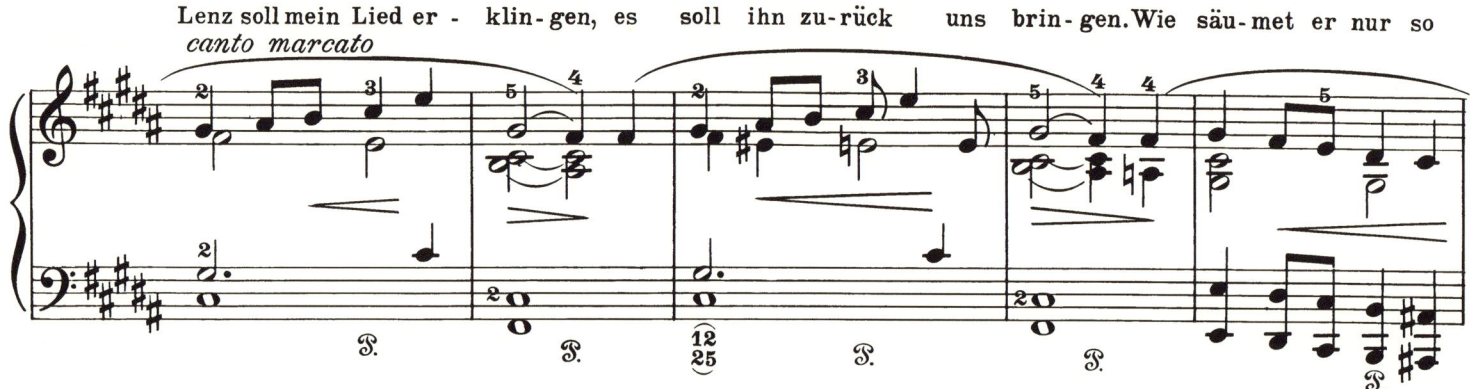

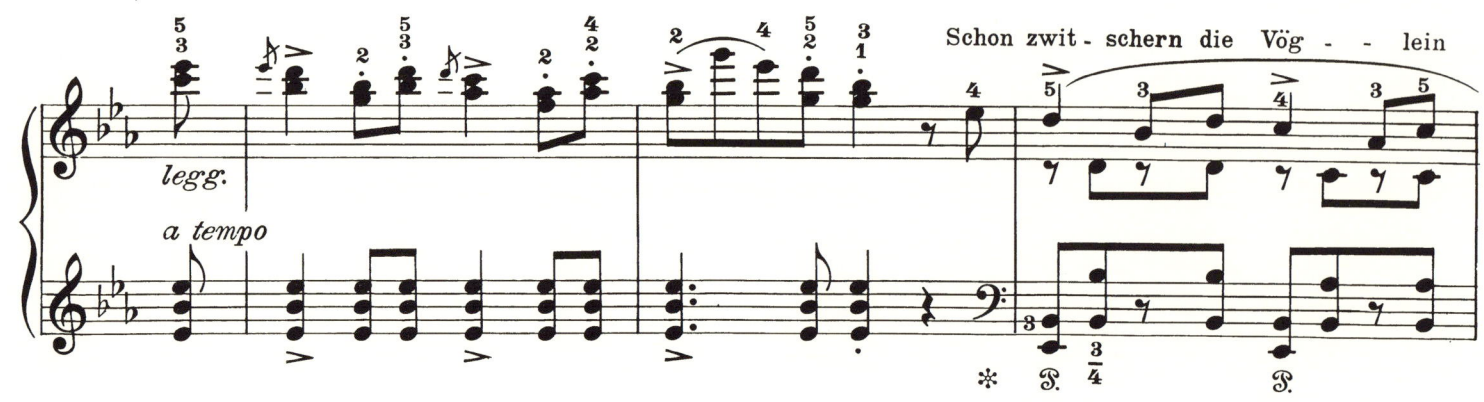

Klavierstücke nach eigenen Liedern

I.

Mutterschmerz

Deuil de mère. — A Mother's grief

Op. 52 No. 1

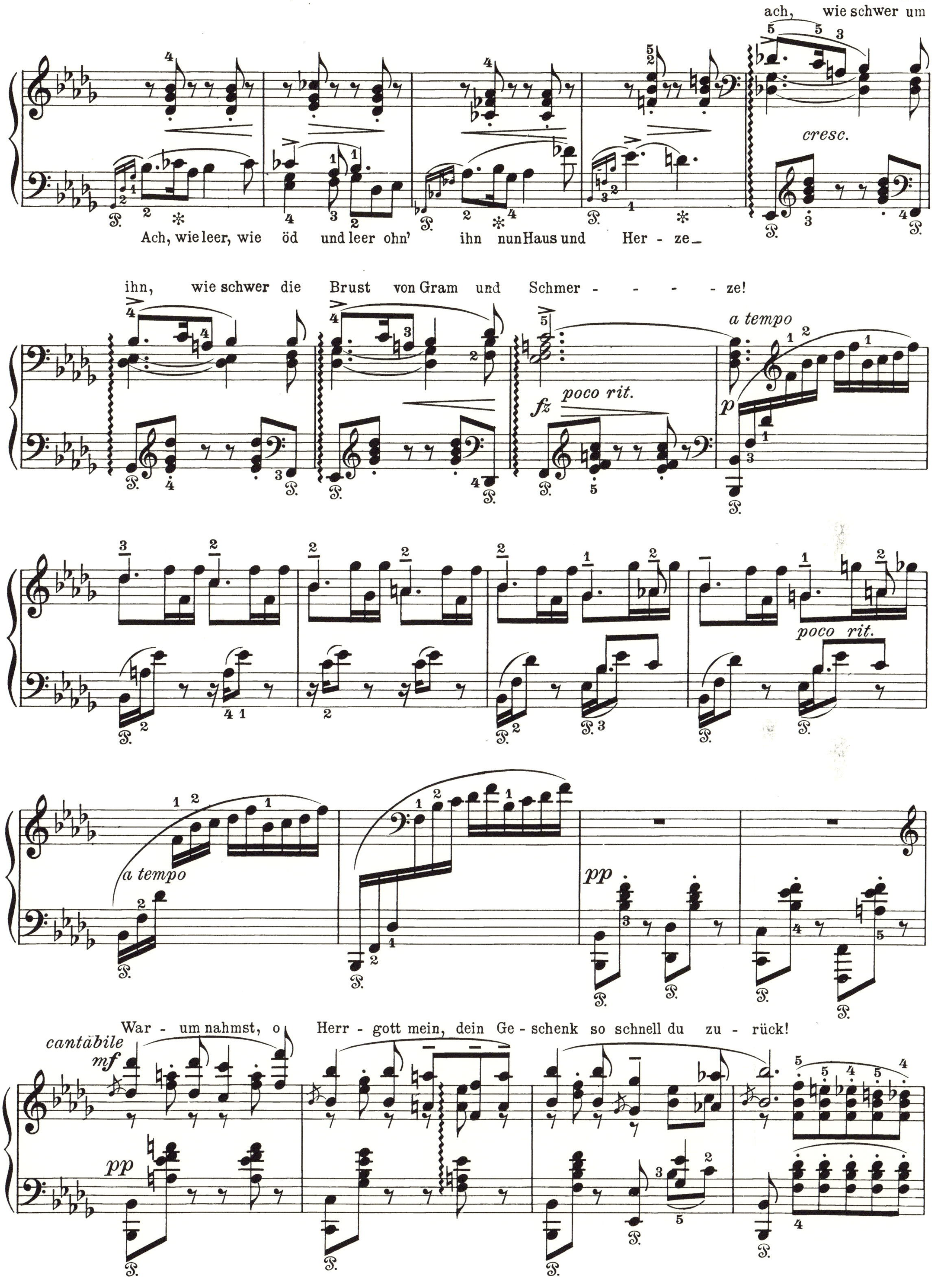
ach, wie schwer um
cresc.
Ach, wie leer, wie öd und leer ohn' ihn nun Haus und Her - ze_
ihn, wie schwer die Brust von Gram und Schmer - - - - - ze!
a tempo
fz
poco rit.
p
poco rit.
a tempo
pp
War - um nahmst, o Herr - gott mein, dein Ge - schenk so schnell du zu - rück!
cantabile
mf
pp

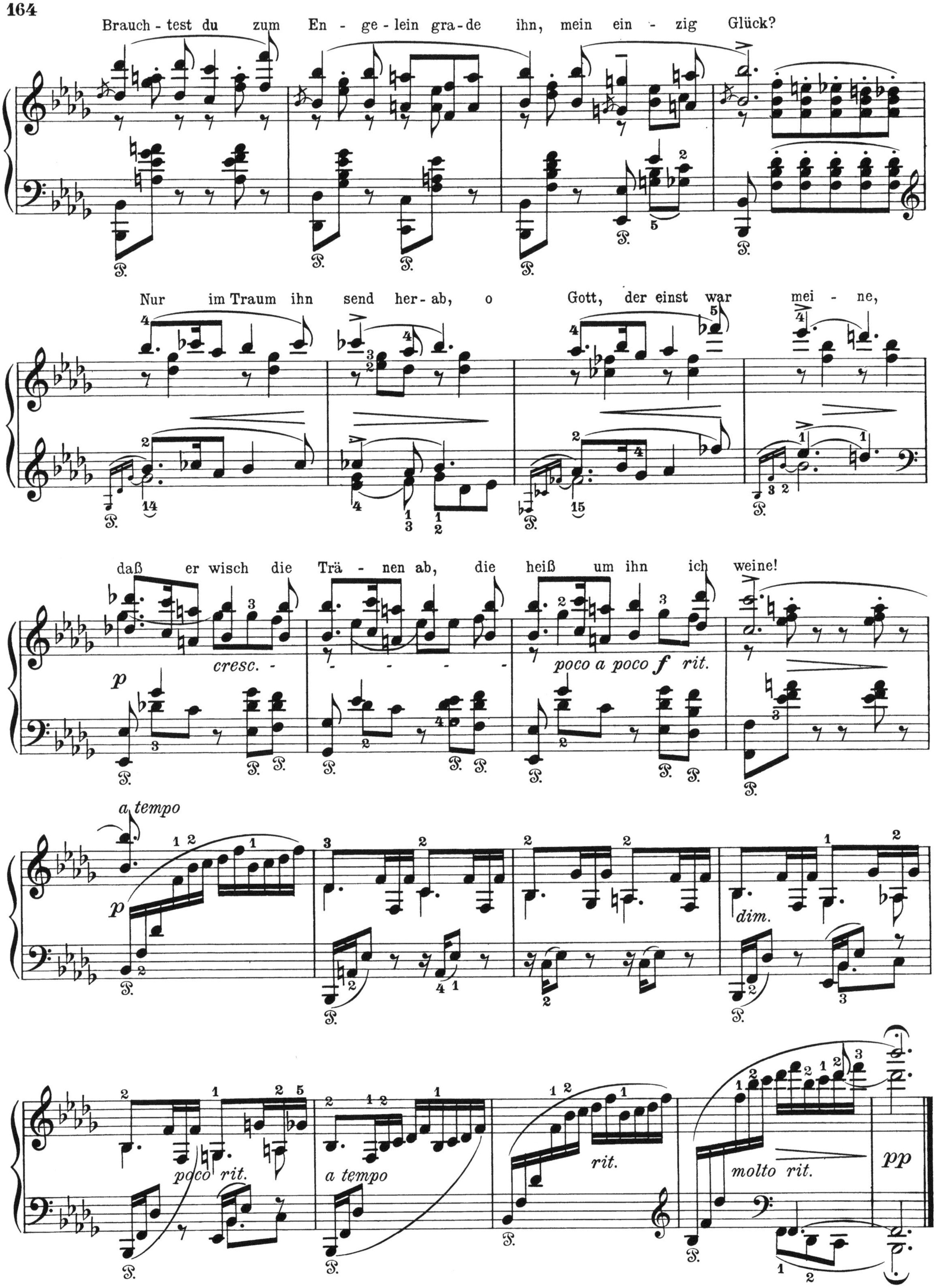
Brauch - test du zum En - ge - lein gra - de ihn, mein ein - zig Glück?
Nur im Traum ihn send her - ab, o Gott, der einst war mei - ne,
daß er wisch die Trä - nen ab, die heiß um ihn ich weine!
p
cresc.
poco a poco f rit.
a tempo
p
dim.
poco rit.
a tempo
rit.
molto rit.
pp

II.
Erstes Begegnen
Première rencontre — The first meeting

Op. 52 No. 2.

Adagio.

cantabile

Des er-sten Se-hens Won-ne ist gleich dem Strahl der Son-ne, die Knos-pe sacht nur rüh-rend und doch den Duft ihr schü-rend. Ist gleich des Hor-nes Klan-ge von fer-nem Wal-des Han-ge, das Ohr nur flüch-tig strei-fend und doch die Brust er-greifend mit sehnsuchtsvollem Dran-ge, mit sehnsuchtsvollem Dran-ge, mit sehnsuchts-

III.
Des Dichters Herz
Le coeur du poëte — The Poet's heart

Op. 52 No. 3

IV.
Solvejgs Lied
Chanson de Solvejg — Solvejg's Song

Op. 52 No. 4.

V. Liebe
Tendresse — Love

Op. 52 No. 5

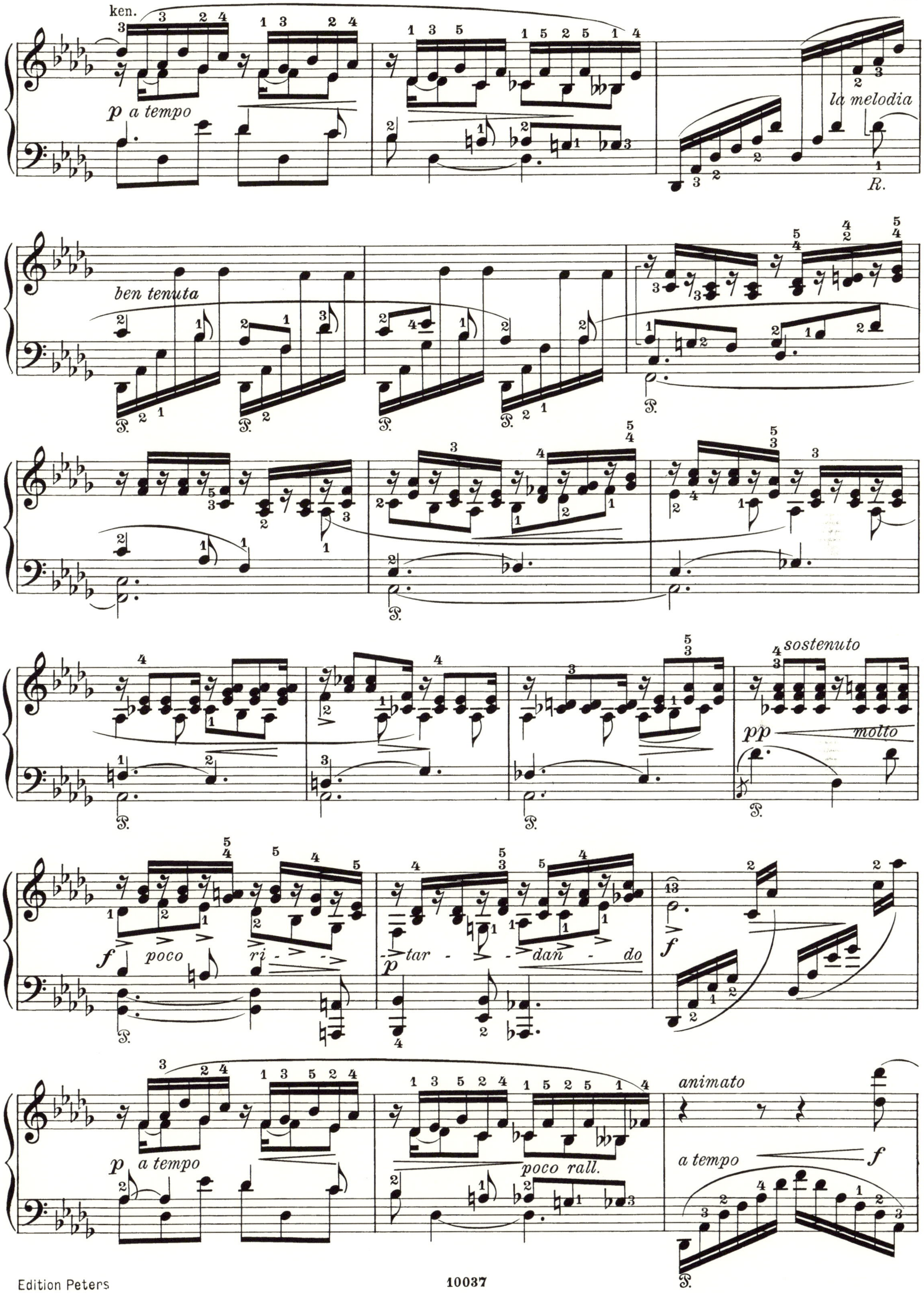
ken.
p a tempo
la melodia
R.
ben tenuta
sostenuto
pp
molto
f
poco ri - tar - dan - do
p
f
p a tempo
poco rall.
animato
a tempo
f

VI.
Die alte Mutter
Sainte femme, ô ma mère — The old Mother

Op. 52 No. 6

178

Stimmungen
I.
Resignation

Op. 73 No. 1

II.
Scherzo-Impromptu

Op. 73 No. 2

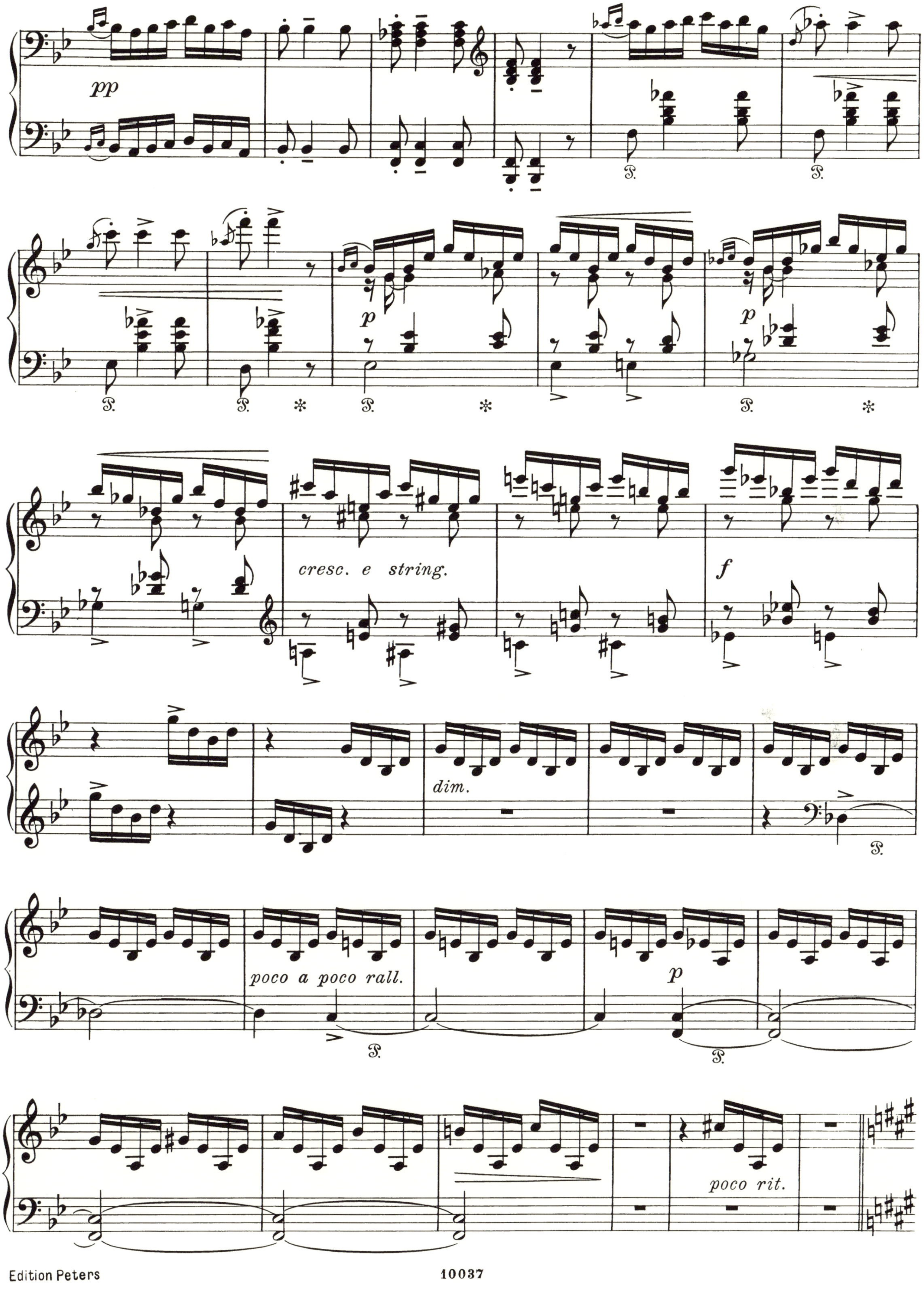
pp
p
p
cresc. e string.
f
dim.
poco a poco rall.
p
poco rit.

III.
Nächtlicher Ritt
Natligt Ridt
Chevauchée nocturne — A ride at night

*) Die Melodie immer mit dem Daumen zu spielen.

IV.
Volkston
Folketone

Thème populaire — Popular air

(Aus Valders)

V. Studie
(Hommage a Chopin)

Op. 73 No. 5

VI.
Ständchen der Studenten.
Studenternes Serenade
Sérénade estudiantine — Students' serenade.

VII.
Gebirgsweise
Lualåt
Air du montagnard — The mountaineer's song

Drei Klavierstücke
I.
Im wilden Tanz
Wild Dance — Danse fougueuse

Nachlaß No. 1.

Furioso
L'istesso tempo (𝅗𝅥 wie vorher 𝅗𝅥.)

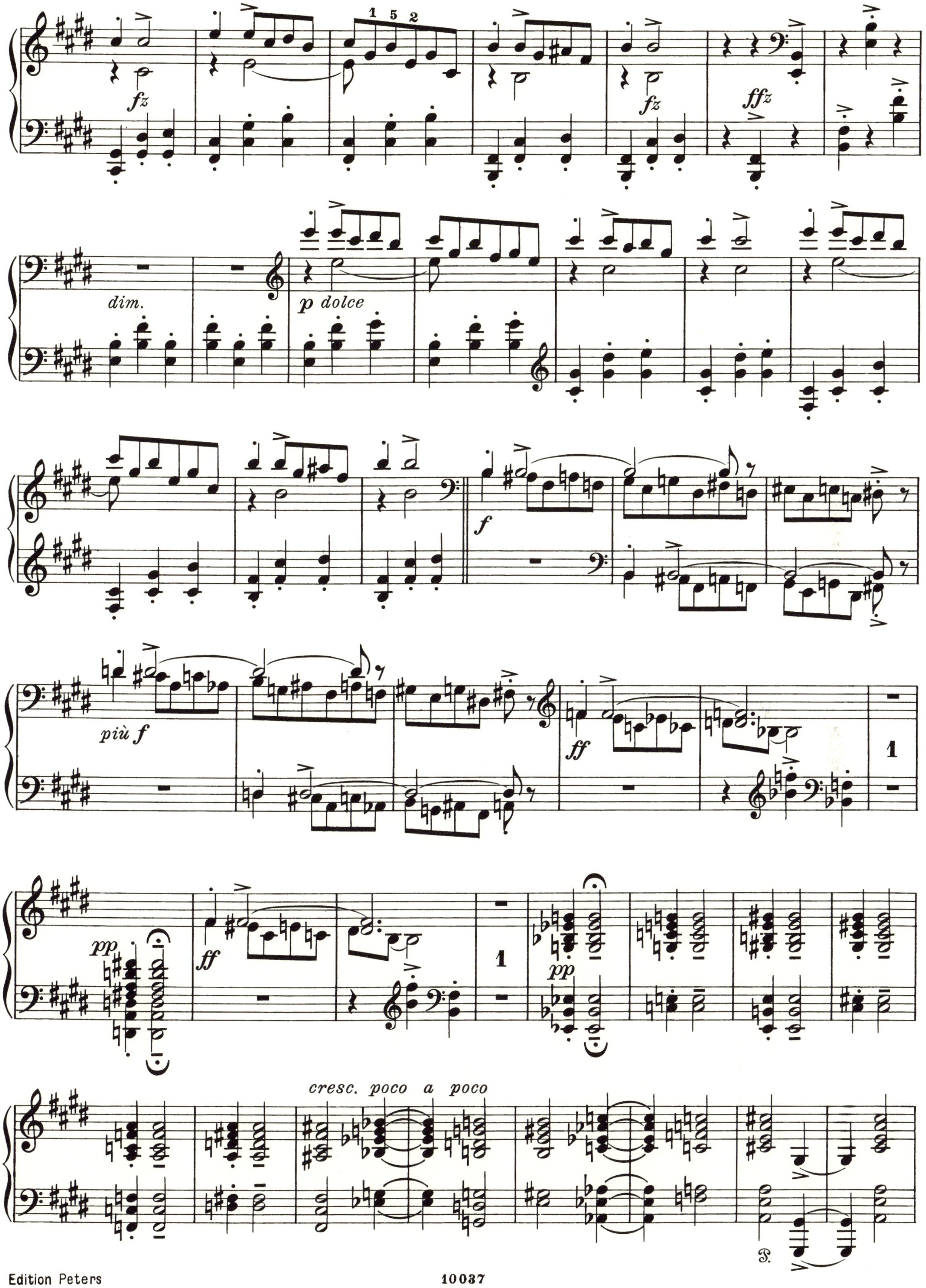
fz
1 5 2
fz
ffz
dim.
p dolce
f
più f
ff
1
pp
ff
1
pp
cresc. poco a poco

II.
Gnomenzug
Procession of Gnomes. — Le cortège des gnomes

Nachlaß No. 2 (1898)

III.
Sturmwolken*
Tempest Clouds — Nuages orageux

Allegro molto ♩= 132

Nachlaß No. 3 (1891)

*) Zu diesem Stück waren nur Skizzen vorhanden, welche Julius Röntgen ergänzt hat.

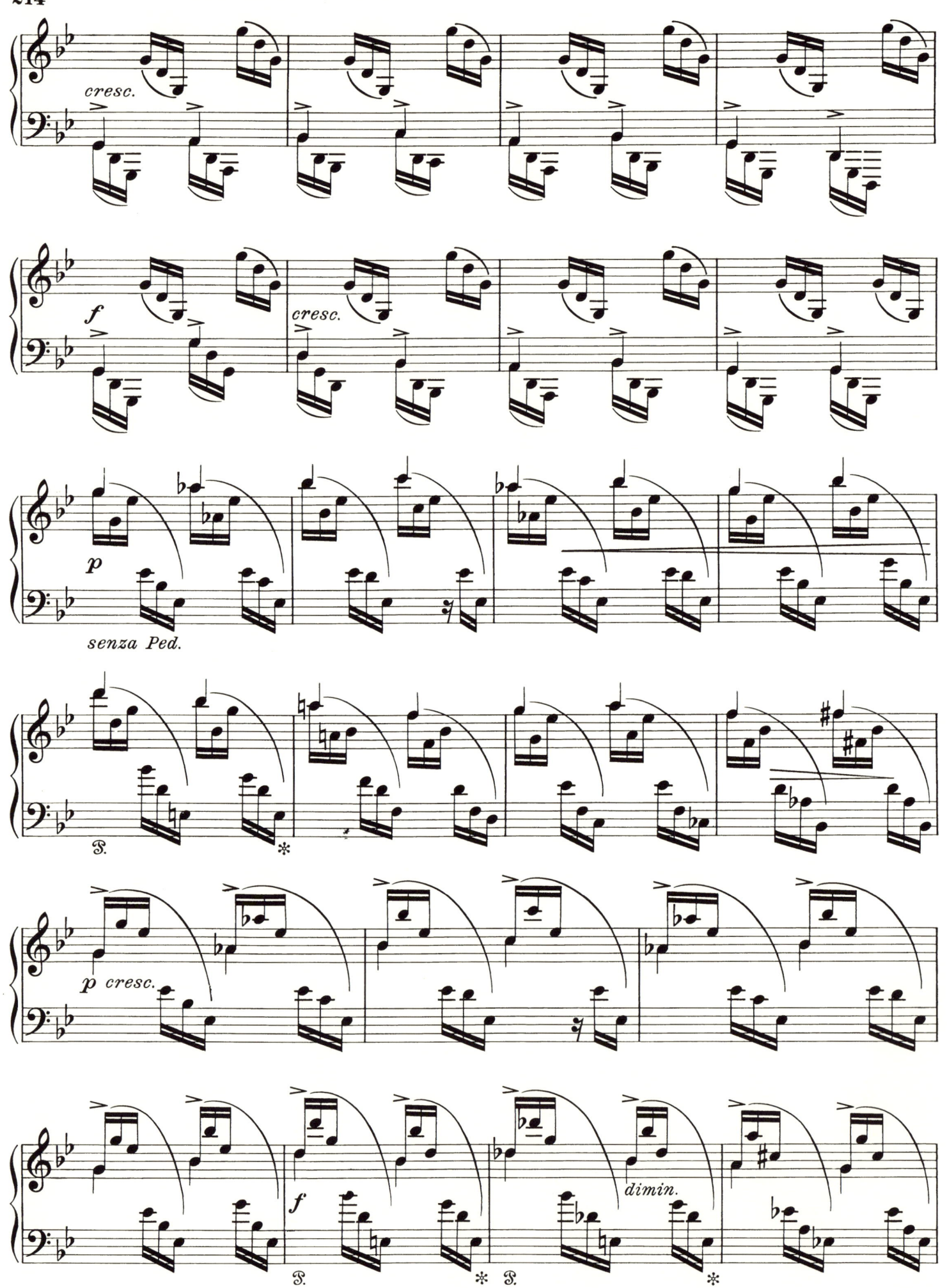

218

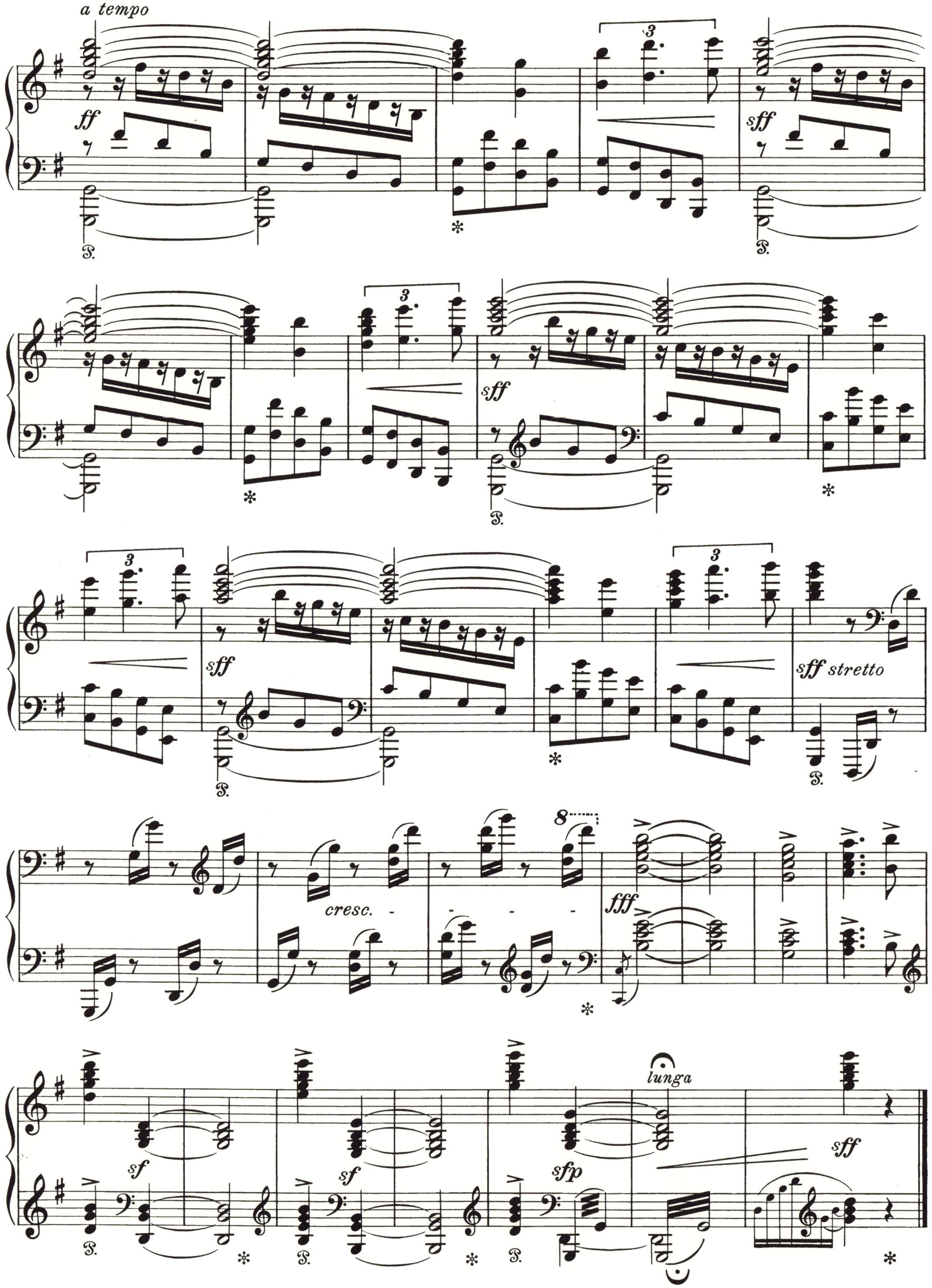
a tempo
ff
sff
sff
sff
sff stretto
cresc.
8
fff
lunga
sf
sf
sfp
sff